황혼의 여정(旅程)

석보(碩寶) 김태혁 시집

도서출판 문예사조

눈 뜨면 앞만
보이지만
눈 감으면 세상
다 볼 수 있다

석보 김태혁

■ 自序

　세상에 태어나 이름 석 자 남길 수 있는 꿈을 충북 보은의 원로시인 김국진 선생님의 추천으로 문예사조에서 시로 등단하게 되었고 시인으로 활동하며 한국문인협회 회원 이 되어 꿈을 이루었습니다.
　영글지 못한 풋대추 같은 글 주섬주섬 엮어 가다 기쁘고 급한 마음에 문인들과 독자 여러분들 앞에 사랑 받고 싶어 생애 첫 시집을 출간하게 되었습니다.
　먼저 이 모든 것을 보은복지관의 공으로 돌리며 50여 년 서울 생활을 모두 버리고 연고도 없는 속리산(俗離山)으로 가자고 하니 말없이 따라나선 아내와 보은 새터에 둥지를 틀어 여생의 안식처(安息處)를 복지관으로 하고, 서예와 컴퓨터 등 많은 것을 배우던 중 박미선 관장님이 새로 부임하셔서 문창반을 창제(創製)하자고 말씀드렸더니 관장님께서도 어릴 적 문학소녀(文學少女)가 꿈이었다며 흔쾌히 승낙해 주셨습니다.
　꿈과 희망을 저버리지 않고, 시인으로 등단한 것은 하느님이 베풀어 주신 고희 선물이라 여기고, 부족한 글이나마 초심(初審) 변하지 않고 알알이 모아 결초보은(結草報恩)하겠습니다.
　감사합니다.

2018년 초겨울
석보(碩寶) 김 태 혁

Contents

■ 自序 _ 3

1부 황혼의 여정(旅程)

15 _ 황혼의 여정(旅程)
16 _ 결초보은(結草報恩)
17 _ 금혼식
18 _ 팽낭걸
19 _ 어미의 삶
20 _ 고향
22 _ 동행자
23 _ 내 고향 시실
24 _ 술지게미
27 _ 두고 간다
28 _ 그만 가고 내릴까
30 _ 저녁은 콩국수
32 _ 어머니와 아들의 본심
34 _ 엄마 나 그만 울까
35 _ 여보
36 _ 우리 할매 처녀 가슴
38 _ 생질녀

Contents

- 39 _ 핵가족
- 40 _ 어머님 곁으로
- 41 _ 아버지와 아들딸
- 42 _ 사랑한다
- 44 _ 무명 시인의 아내
- 48 _ 효자가 바보인가요
- 49 _ 임 바라기
- 50 _ 시집살이
- 52 _ 바람

Contents

2부 — 만학의 꿈

- 55 _ 만학의 꿈
- 56 _ 사랑
- 57 _ 빛
- 58 _ 기다리는 마음
- 59 _ 부처님 오신 날
- 60 _ 천하명당(天下明堂)
- 61 _ 기다림
- 62 _ 담력
- 64 _ 조마조마
- 65 _ 퍼 주는 행복
- 66 _ 운무(雲霧)와 해무(海霧)
- 67 _ 추억
- 68 _ 선물
- 69 _ 흘러가는 구름
- 70 _ 감기
- 71 _ 오묘한 세상

Contents

72 _ 대학 뱃지
73 _ 청춘
74 _ 반장 영감
76 _ 마음 주고, 사랑 주고
77 _ 우리네 인생
78 _ 보청천에 오신 임
79 _ 그대 가슴에
80 _ 종신보험 들었잖아
82 _ 향기
83 _ 여자와 엄마
84 _ 제주도 여행

Contents

3부

아름다운 추억

87 _ 아름다운 추억
88 _ 보고파
89 _ 길
90 _ 에어컨
91 _ 대추 축제
92 _ 청계천
93 _ 그네
94 _ 황혼
95 _ 삶
96 _ 달빛
97 _ 몸빼바지
98 _ 매화 향기
99 _ 아쉬운 밤
100 _ 이 밤을
101 _ 졸음운전
102 _ 열대야

Contents

103 _ 친구
104 _ 쑥 향기
105 _ 행복이 주렁주렁
106 _ 우정의 거짓말
107 _ 된서리
108 _ 내년엔 어찌 할까
110 _ 아니 벌써
111 _ 대보름
112 _ 희망
113 _ 기다릴 거야
114 _ 나의 애인 춘자 씨
116 _ 임
117 _ 다시 한 번만
118 _ 내 임은 어디에
119 _ 임 마음
120 _ 옥수수

Contents

계절

123 _ 계절
124 _ 자연
125 _ 무정한 세월
126 _ 세월아
127 _ 봄비
128 _ 세월
129 _ 지게
130 _ 추억
131 _ 5월의 밤
132 _ 봄봄봄
133 _ 봄 가고
134 _ 봄
135 _ 비
136 _ 새봄
137 _ 가뭄
138 _ 긴 가뭄

Contents

- 139 _ 처서
- 140 _ 낙엽
- 141 _ 오가는 가을
- 142 _ 가을이 오면
- 143 _ 가을별 꽃바람
- 144 _ 풍년
- 145 _ 가을이
- 146 _ 가을·1
- 147 _ 가을·2
- 148 _ 가을·3
- 149 _ 오는 가을
- 150 _ 만추(晚秋)
- 151 _ 밤
- 152 _ 겨울의 길목
- 153 _ 거울
- 154 _ 떠나는 겨울
- 155 _ 동백꽃

제1부
황혼의 여정(旅程)

황혼의 여정(旅程)

아름다움 세월에 빼앗기고
삶의 무게 구겨진 얼굴
희로애락(喜怒哀樂) 탑 쌓을 때
마음의 안식처 주님의 품으로

돌아보니 모두가 일장춘몽
주마등 인생 추억록 한 권
노년의 친구 복지관으로
문창반 창제(創製)자 시인 벼슬

고희 넘어 팔도 하객 금혼식(金婚式)
녹슬지 않은 황혼열차
희와 혁은 가시버시
황혼 여정(旅程) 다할 때까지.

결초보은(結草報恩)

세상에 별꼴이네, 남들은
평생 한 번 못해 보는
결혼식을 두 번씩 하다니
뭔 일이여, 참

조그만 시골 장터 예식장에서
초라하게 치른 결혼식
항상 미안해하며 살았는데
호박이 넝쿨째 굴러들어왔네

보은 자랑 대추축제
팔도 하객 모셔 놓고
전통혼례 금혼식을
성대하게 치렀네

황혼 열차 보은에 머물러
자연을 벗삼아 글 속에 살며
아끼고 사랑해 주시는 군민들께
결초보은(結草報恩)하며 살으리.

금혼식

연년(年年) 행사 대추 축제
전국 각지 오신 손님
인심 듬뿍, 덤도 듬뿍

옛날 옛적 전통 혼례
혁이와 희야가
원삼 족두리, 사모관대

고희 넘긴 금혼식을
보은군이 준비하여
팔도 하객 모셔 놓고

성대하게 거행하니
두 번 다시 없는 기회
가던 발길 멈추시고
구경 한 번 와 보세요.

팽낭걸

할아버지의 할아버지 씨름하고
할머니의 할머니들 그네 타던
내 고향 팽낭걸

양반 문중 시집 오던 새색시
동구 밖 팽낭걸 지나칠 때 늘어진
가지는 새색시 꽃가마 쓰다듬고

앞장선 가마꾼 팔 저어 뿌리치던
내 고향 시실 패낭걸

한오백년 고향 지켜 준 팽나무
그네 줄 매어 주던 가지도
휘어져 낡은 목발에 지탱하고

뿌리마저 앙상함에 힘겨워 하니
세월의 무상함을 보여 주는구나

야위어 툭 불거진 뿌리에 두 팔 베고
두 눈 감고 지난 세월을.

어미의 삶

애지중지 키운 자식
날새라 꺼질새라

자식 위한 일이라면
험한 일 마다않고

장성하여 출세시켜
천년배필 맺어 주니

어미 촌수 옛 말 되고
처자식 으뜸이네

행복하길 빌었지만
품었던 자식사랑

고통의 뒤안길
서운한 어미 마음.

고향

울창하고 높은 산중
길손 오다니던 토끼 길
올챙이 고개, 대래기 고개
수백 년 불러오던 마을 길

굽이돌아 한숨 쉬며
마루턱 올라서면 신천지
세월 묶인 팽나무
푸른 노송 병풍처럼

야윈 뿌리 알몸으로
팽나무의 버팀목
고향의 건재함 자랑하고

아래윗말 가운데
연못 같은 저수지
겨울 꼬마들 썰매 타고
지붕 위엔 호박이 넝쿨째

해질녘 연기 피어오르면
뒷집 할매 워리워리, 독구

시도 때도 없는 삼촌네 촌닭
꼬끼오 꼬끼오, 시끌벅적
이곳이 내 고향 시실이라네.

       * 올챙이 : 꼬불꼬불.
       * 대래기 : 다랑이.

동행자

오늘도 우리 별은
꿈 속에 잠겨 있네
고통도 즐기면서
살아왔던 우리 둘이
황혼의 꿈을 두 손 잡고 이루세
오늘도 이 숲길
고독 속에 묻어가고
고희를 넘겨 버린
허름했던 인생살이
즐기며, 베풀어 가며
무거운 짐 내릴까
오늘도 마음 속엔
행복만을 추구하며
주름진 그 얼굴에
만고풍상(萬古風霜) 인생 지도
그대는 내 마음의 꽃
한평생의 동행자.

내 고향 시실

여름 가고 가을 오니
황금 들판 메뚜기
풍년가에 춤추고

나뭇가지 달님 걸려
친정 오는 딸
불 밝힌 내 고향

동산서 뛰어놀던
소꿉친구 샛별들
환한 미소 반짝반짝

마중 나온 별똥별
우수수 반겨 주는
내 고향 시실.

술지게미

육십여 년이 지난 섣달 초순경
며칠 동안 폭설이 세상천지를
백설기로 만들어 놓은 어느 산골
매서운 한파까지 들이닥쳐
온 마을을 꽁꽁 얼게 한
저녁 노을 붉어질 무렵
초등학교도 들어가지 않은 영희에게
낡고 찌그러진 노란 주전자와
조그만 바가지를 내어 주시며
건너 마을 도가 집에 가서
막걸리 한 되 받아오고 술지게미도 얻어 오라고
어머님이 심부름을 시키셨다
자주 해 본 심부름이라
마당에서 소꿉놀이 하던 순희와 삽작문을 나선다
순희와 영희는 앞뒤 집에 사는 외동딸들로
옛부터 외동딸은 시집 가서 못 산다고
부모님들이 일찌감치 의형제를 맺어 주어
두 살 어린 순희는 영희를 친언니보다 더 따랐다
아예 딸처럼 영희네 집에서 살다시피 하는 자매 사이
영희는 주전자를 순희는 바가지를 들고

두 손 잡고 깡충깡충 장난을 치며
감나무, 밭두렁을 지나 조그만 납작다리
조심히 건너 비포장 신작로를 지나
길모퉁이 술도가에 도착하여
"아저씨, 막걸리 한 되 주시고요.
 술지게미도 좀 얻어 오래요."
술도가 아저씨는 네모난 나무상자에 긴 막대를
단 한 되 짜리 됫박으로 커다란 술단지에
구부정 엎드려 휘휘 저어 철철 넘치게 퍼올려
큰 깔대기 주전자에 대고 가득 차게 담아 주시고
바가지에는 물기가 아직 덜 마른 술지게미를
듬뿍 담아 주시며
"이 추운데 할배 심부름 왔나?"
꽁꽁 얼은 고사리 손들을 꼭꼭 만져 주시며
"어째 너들은 쌍둥이처럼 꼭 붙어 다니냐?
착하다, 심부름도 잘 하고 예쁘기도 하다."
칭찬해 주시는 아저씨를 뒤로 하고
길을 건너 집으로 오는 동안
영희와 순희는 연신 술지게미를 먹어 본다
새콤달콤 달작지근한 맛이 어린 자매들의
입맛에 딱 맞아 연신 맛을 보며 집까지 왔다

술지게미를 받아든 어머님께서 조그만 소반에
소금종지와 짠지 몇 조각 담아 막걸리와 함께
할아버지 앞에 가져다 드리고
술지게미는 절반은 다음에 먹으려고 덜어 놓고
남은 것에 사카린 조금 넣어 숟가락으로
비비다시피하여 할아버지 술상 옆에 둘러앉아 먹는다
맛있다, 시다, 누룩냄새도 난다
얼굴이 불그스레 익어 가도 더 먹고 싶은 술지게미
잠이 스르르…… 취했었나
지난 세월이지만 잊혀지지 않는 추억.

* 술도가 : 술을 빚어 만들어 도매하는 집.

두고 간다

내 것도 아닌 너를 보고, 만지고
동반자로 살면서 무엇을 주었던가
뒤돌아볼 여유 가졌지만
되돌아가기에는 너무 멀리 왔다

너와 나는 가까이 살면서
모든 것 다 보며 살았잖아
나 아닌 세상 모든 이들에게
몸과 마음 몽땅 다 주잖아

내 욕심 과했나
함께 있으면서 아무것도
아무것도 해 준 것 없어
깊은 상처 안 줄게

보고 사랑하다
만지고 자랑하다
그대로 두고 간다
세상 모두를.

그만 가고 내릴까

너무 멀리 온 것 같아
이제 그만 가고 내릴까
쥐어 본 두 주먹 파랑새 되고
둘이 하나 되는 꿈 속 신혼열차
연지곤지 꽃길 속 자식농사
종신보험 들었잖아

느림도, 빠름도 없는 세월열차
타고 가는 마음 따라 느리기도, 빠르기도
승차역은 없어도 하차역 있는 열차
언제 갈아탔던가, 황혼열차 몸 실었네
곱던 얼굴 어디 가고 깊은 주름
삶의 훈장 가득하네

가봐야 북망산 아닌가
가지고 다니던 보따리
고희역, 금혼역에

모두 내려놓고 가세
멀고도 지루했던 여행
잡은 손 놓지 말고 빈 손으로 가세

명호, 상열 남친 있었고
숙이, 선이 여친 있었으니
외로운 여행은 아니었네
일곱 살 기억은 어제 같은데
일주일 전 일은 기억에 없으니
세상 기가 막히네.

저녁은 콩국수

　노을이 어머니 등에 업혀 넓은 마당으로 들어선다. 고단한 하루 일 마치고 서둘러 집에 오신 어머니는 지는 해 서산 넘기 전 무명 앞치마 두르시고 머리 수건 쓰시고, 낡은 멍석 위에서 밀가루, 콩가루 반죽하고, 홍두깨로 밀고 밀면

　두리상보다 커지는 어머니의 마술 솜씨 접고 접어 썰고 또 썰면 남은 꽁지 코흘리개 동생들 서로 구워 먹겠다고 뺏고 또 뺏을 때 아버지께서 쑥 한 짐 지고 들어오셔서 마당 가운데 모깃불을 놓으신다.

　펄펄 끓는 가마솥에 호박 숭숭 썰어 넣고 휘휘 저어 한솥 삶아 낸 콩국수 큰 대접에 물 반, 국수 반 철철 넘치게 담아 주면 땀방울이 목덜미를 타고 흘러도 국물 한 모금 남김없이 후루룩후루룩 먹고 먹어도 채워지지 않는 배 출렁출렁 배춤을 추면 어둠은 깔리고 부지런한 샛별 하나 둘 마당에 불 밝힌다.

배부른 동생들 뒹굴며 장난칠 때 어둑한 마당에 계시던 할머니, 호롱불 켜진 사랑채 문고리 잡으시며 이놈들아, 배 꺼진다. 그만 뛰고 자거라. 배부른 동생들 뒹굴며 장난칠 때 어둠은 점점 깊어만 간다.

* 두리상 : 크고 둥근 상.

어머니와 아들의 본심

아들-　　어머니, 잘 있었어요.
어머니-　그래, 또 왔냐. 빨리 죽지 않아 너희들
　　　　애먹인다. 왜 안 죽는지 모르겠다.
　　　　죽어야 되는데.
아들 -　　어머니, 별소릴 다 하십니다. 인명은
　　　　재천이라 하잖아요. 오래 사셔야죠.
어머니 - 빈 말이라도 오래 살란 말 하지 마라
　　　　정말 빨리 죽어야 된다.
아들 -　　어머니 빵과 바나나 사 왔어요. 잡수세요.
어머니 - 아이구, 야야(손사래를 치시며).
　　　　바나나는 안 먹는다.
아들 -　　왜요?
어머니-　의사 선상님이 바나나 먹으면 죽는단다.
　　　　집에 갈 때 도로 가져가거라.
아들 -　　바나나 먹으면 죽는대요?
어머니-　그래, 먹으면 안 된다고 하시더라.
아들 -　　죽는 게 겁나요?
어머니-　아, 아니 겁나는 것이 아니라 먹지
　　　　말라는 것 먹고 죽기는 좀 그렇다.

아들-   그럼, 잡수시지 말고 오래 사세요.
어머니- 왜, 왜 죽기 싫어 한다고?
아들-   아, 아니, 왜 맘에 없는 소릴 하세요.
어머니- 으으음, 으으음.
         (어머니께서는 아무 말씀이 없으시고
         병실은 적막이 흘렀다)
어머니의 본심- (나쁜 자슥, 날 빨리 죽으라고?
         이놈아)
아들의 본심- (어머니, 형님이 돌아가신지가
         10년이 넘었고, 내 나이 고희 넘은
         지가 한참 되었어요. 어머니)

* 요양원에 계시는 어머니 병문안 가던 날.

엄마 나 그만 울까

60여 년이 지난 봄날 아침
다섯 살에 두 동생이 있는
철없던 울보 영희가 밥투정 하다
울음보가 터져서 한없이 울어대니
몇 번 달래 보다
바쁜 농사철에 분주하여
해가 지도록 거들떠보지도 않는다
울다 울다 지친 다섯 살
영희가 엄마의 치맛자락 부여잡고
엄마 나 그만 울까?
응
나 그만 울게
엄마 아~
나 그만 울게.

여보

여보~ 이 세상에서 기댈 수 있는 사람이
　　　당신이어서 사랑해요

여보~ 나보다 나를 더 잘 알아 주는 사람이
　　　당신이어서 행복해요

여보~ 이 세상에서 모든 일 참아 주는 사람이
　　　당신이어서 미안해요

여보~ 살다 보면 피할 수 없는 싸움 져 주는 사람이
　　　당신이어서 고마워요.

우리 할매 처녀 가슴

열다섯 어린 나이
꽃가마 타고 시집 오니
글공부에 여념 없는 어린 신랑
몸마저 쇠약해 병마와 싸우다

꽃보다 아름다운
사랑방 문고리
잡아보지 못하시고
먼먼 나라 가시니

옛날 옛법 무서워
팔자 한 번 못 고치고
아버지 양자삼아
모자지간 연을 맺어

박복한 살림 속에
8남매 할매 노릇
철없는 남매
틈만 나면 할매 가슴

탱글탱글 젖망울
요리조리 만져 보고
물고, 빨고 흔들어도
말로만 야단을 치신다

요놈들이 버르장머리 없게
저리 안가 하시면서도
웃음 가득하시던
할매는 열다섯 처녀 가슴.

* 60여 년 전에 돌아가신 김현주 할매를 그리며.

생질녀

누가 서운하게 하였는가
때찌 맴매
외삼촌이 혼 좀 내줘야지
종일 보고, 듣고, 일어난 일 조잘조잘

옛 정을 못 잊어 늙어 가면서도
외갓집 식구들과 정 주고 받으며
못난 이모, 외삼촌들에게
부모 형제 대하듯 하니

요런 애교쟁이
웃음을 선사하는 요것을 어찌 하리
우리의 여생은
황혼열차 타고 가고 있잖아

그저 잘 먹고 잘 살면 행복하고
멋지게 산다고 할 수 있지

부족함을 채워 주는 누님의 딸
커피 향 음미하면 잔 속에 어리는
애교 만점 생질녀 58년 개띠
회갑은 언제쯤 몰래 너희들끼리?

핵가족

대구, 부산의 먼 친척 사나흘이 멀다 하며
딸 소식, 아들 소식 주고받고 사는데

같은 마을 살아가는 형제, 조카 발길은
하루하루 멀어져만 가는구나

없는 형제, 의기투합 서로서로 잘 되는데
있는 형제, 시기, 질투 서로서로 의절하니

산 조상께 못 한 효도, 죽은 조상 효도, 효부
조카들은 자기 부모, 삼촌들은 자기 부모

이웃사촌만 못한 삼촌, 조부모 옛날 이야기
핵가족화 부른 세상, 많던 우애 어디 갔나.

어머님 곁으로

시들어 가고 있습니다
저물어 가고 있어요
그리운 친지들이 갖다 놓은
송이송이 국화꽃
향기와 화려함이 모두 시들 때쯤
나, 어머님 곁으로 다가갈까 합니다

오늘 저녁 옛 친구들 모두 만나 보고
이 밤 지새우고 날이 새면
오동나무 꽃가마 타고
어머님 곁으로.

아버지와 아들딸

아버지,
아들의 손을 언제 잡아 보셨나요
어릴 때 안고, 업고, 뽀뽀도 하고
목마도 태워 주며
초등학교 때 잡았다 놓은 손
아직 한 번도 잡아 본 기억이 없습니다

아들,
아버지의 손을 언제 잡아 보셨나요
어릴 때 안겨 보고, 업혀 보고, 뽀뽀도 하고
목마도 타다
초등학교 때 잡았다 놓은 손
아직 한 번도 잡아 본 기억이 없습니다

딸,
아버지의 손을 언제 잡아 보셨나요
그래도 난 엄마랑 손잡고
목욕탕도 가고, 시장도 가고 말동무도 하는데.

사랑한다

내 것도 아닌 너를
보고, 만지고 즐기며
동반자로 살면서
나는 너에게 무엇을 주었던가

뒤돌아볼 여유 가졌지만
되돌아가기에는 너무 멀리 왔다
너와 나는 너무나 가까이 살면서
모든 것 다 보며 살았잖아

나는 벌써 백발에 허리까지
너는 날이 갈수록 활기차고
나 아닌 세상 모든 이들에게
몸과 마음 몽땅 다 주잖아

내 욕심 과했나
함께 있으면서 아무것도

아무것도 해 준 것 없어
깊은 상처 안 줄게

보고 사랑하다
만지고 자랑하다
그대로 두고 간다
세상 모두를.

무명 시인의 아내

옛날 옛적 조그만 학교
멀리 학생들은 배를 타고
앞 동네 학생들은 산을 넘어오던 시절
정문 옆 기둥에 국민학교란
팻말이 걸려 있었다

어릴 적 검정 고무신, 검정 팬티, 하얀 팬티
머슴아, 지집애 멀리 헤어져 살다 보니
죽마고우 동창모임 옛 터에 자리 잡았다
보릿고개 생각하자며 보리밥, 된장국에 동동주
한 사발씩 들이키며 수다판 벌였다

너 잘 났네, 나 잘 났네
동심의 나래는 커져만 갔다
초등학생이던 머슴아들 손자, 손녀 친구 되고
이마는 대마도가 보여
세월의 무상함이 보였다

지집애들 세월 감추려고 보톡스에 가발
나는 백발에 또래보다 늙어 보이고

기죽은 머슴아들, 지집애들 수다에 쓸려만 가니
웃음바다는 계곡을 타고 거슬러 올라가고
세월의 쓴맛, 단맛 다 본 것처럼 행복을 자랑한다

수다쟁이 양희가 남편 직업으로 말을 돌리며
우리 신랑은 고향에서 고무신 장사하는 것 알지?
숙자 신랑 복덕방, 경아 신랑 인쇄소
배고픈 줄 모르고 해지는 줄도 모르고
끝없는 재잘거림

말 없이 동동주만 마시고 있는 나에게
너네 신랑은 뭐해? 하며 친구들 우루루 모여 든다
나? 우리 신랑?
엄마, 오빠가 됫병 소주 한 병씩, 짠지 하나 놓고
마시는 거 알잖아!

그래서 술만 안 마시면 시집 간다 했더니 말이 씨가
되어 술 못 먹는 사람한테 시집을 갔는데
호강시켜 준다던 말은 뜬구름에 걸쳐놓고

시들어 가는 늘그막에 완행열차 한 대 없는 보은에
귀촌하여 알콩달콩 살자는 단꿈에 속았잖아

허구한 날 다리 저리다, 허리 아프다 하며
안팎 살림 다 맡겨 버리고
내 몸이 천근만근 되어도 바쁘게 글만 쓰고
세월이 빠른 건지 내가 느린 건지
익어 가고 있잖아

우리 신랑 수십 편 글을 써서
유명한 문예사조에 등단하여 시인되고
복지관과 읍내 사거리에 현수막 걸리고
보은신문에 실려 친인척 축하전화에
떡 한 말 소복이 담아 복지관에 가서 인사했어

시인이란 소리에 큰 소리치고 박수치며
시인의 아내 축하한다, 신랑 멋쟁이다, 몇 살이고?
또다시 웃음바다가 되고 위로일까, 부러움일까
오랜만에 즐겁고 행복한 시간이었다

스쳐가는 바람처럼 허무하고 짧은 세월
이 해가 저물면 고희 고개 올라서는 우리네
오늘 하루의 고단함은 머리맡에 내려놓고
서방님 품에 안긴다
백수건달 무명 시인이라도 좋다
나만을 사랑해 준다면
천년만년 가난한 무명 시인의 아내로 살리라.

효자가 바보인가요

열아홉 꽃띠 청춘 아내 되어
여유 없는 애틋한 부부 사랑
2남 3녀 자식 두고 인생 40 홀로 되어
허리 한 번 못 펴보고 몸과 마음 다 바쳐
학사모에 손자, 손녀

그의 청춘 과거 속에 묻혀 가고
아들딸 분간 못 해 이름마저 기억 못 하는
치매라는 환갑 선물
사랑하던 효자, 효녀
두어 달 수발 들다 제 짝 찾아 떠나고

늦둥이로 낳은 막내
어머니가 소중하다며
병든 어머님 위해
직장, 결혼 마다하고

마지막 날까지 손발 되겠다며
힘겹게 사는 막내 보는 이웃들
잘 사는 형과 누나도 안 돌보는데
저 사람 바보 아니야?

임 바라기

백년천년 흘러도 마르지 않는 샘물처럼
우리 사랑 영원히 마르지 않으리
천년만년 흘러도 시들지 않는 꽃이 되어
우리 사랑 영원히 시들지 않으리
산천초목 수백 번 변한다 해도
마주잡은 우리 두 손 다시 놓지 않으리
달과 별이 밤을 새워 주고받은 속삭임도
지하 단칸에서 싹튼 우리 사랑만 할까
삐딱구두 사 주마고 약속한 그 말은
뜬구름 위에 걸쳐 놓고 검정 장화, 몸뻬바지
분 향기 대신 된장 냄새
삶에 흔들리며 사노라면 마주잡고, 마주 보고
밀어 주고, 당겨 주는 쌍그네 타 보겠지
주름 골 깊은 곳에
익어 가는 우리 사랑
곱고 아름다운 바라기
아침에 눈을 뜨면 항상 내 옆에.

시집살이

굽이치는 낙동강
구름마저 쉬어 넘는 두메산골
산도, 물도 낯선 진사골
연지곤지 분 바르고 시집을 가니
여자 나이 간곳없고 질부, 동서 호칭이라

시어머니에 맏동서 맵디매운 시집살이
새벽닭 울기 전 정한수 물 길어
정지 바닥 물 옹기에 가득 채우고
정성스레 쌀 씻을 때 시린 손 끝
호호 불며 앞치마에 손을 닦고

옹색한 살림살이 허리띠 졸라매며
층층시하(層層侍下) 시집살이
엄마 생각, 친구 생각
보고프고 보고파서
눈물만 주룩주룩.

바람

야속한 바람아
흘러가는 세월
보내기나 하지
가는 세월 몰고
백발주름 선물하느냐

매몰찬 바람아
청운의 무지개
버리지나 말지
다 저녁 금혼식
황혼열차 타라 하느냐.

제2부
만학의 꿈

만학의 꿈

낡고 허름한 가방 속
복지관에서
서예와 문학이란 보물 넣어 가네
가득 채워 넣고 가네

소중한 보물을 받아 넣은 듯

너무나 황홀해
철부지 문학 소년의 꿈은
고희를 넘기면서
하나씩 이루어 가네.

사랑

구름 흐르고 세월 흘러도
너와 나의 사랑은 쌓여만 가네

검은 머리, 목화 만발해도
너와 나의 사랑엔 장미가 만발

태양 식어 사그라질 때면
너와 나의 사랑도 식어 가겠지.

빛

둥근 해는
세상을 밝혀 주고

쟁반같이 예쁜 달
나를 찾는 우리 임
어둔 밤길 밝혀 준다

새벽녘 샛별들
놀다 가신 우리 임
등 뒤를 밝혀 주고

곱디고운 우리 임
내 마음 밝혀 주네.

기다리는 마음

화사한 모습
눈을 감아도 피어나는
그 모습 보고파라

지난 가을 정 주고, 사랑 주고
만나자는 무언의 약속
간직하고 기다렸는데

완행열차에 실린 겨울은
우수 경칩이 지났는데
동장군의 차가움에 발만 동동

수줍은 얼굴 내미려 하니
꽃샘바람 심술을 부린다

새봄아, 빨리 와라
내 마음 빨갛게 타 들어간다
미선아, 미선화야.

부처님 오신 날

법주사를 찾는 여인아
이 세상에 어느 누가
지은 죄가 없을손가
선과 악이 있는 세상
여인의 사연 누가 알리요

속세(俗世)의 지은 죄 씻으려
백팔염주 손에 들고 엎드려
기도하는 뒷모습 애처로워
삶에 지친 그림자 비춰지는구나

칡넝쿨 같이 얽힌 사연 하루 이틀
속죄하고 불공을 드린다고
이루어지는 소원 없지만
마음의 안식처가 법주사구나

부처님 가슴은 여인의 아픈 사연
다독여 줄 넓은 품이 아닐는지
여인의 애처로운 사연
몽땅 들어주시겠지요.

천하명당(天下明堂)

예쁜 돌 축대 쌓고
울을 치고 담 쌓아
북풍한설(北風寒雪) 바람 막고
좌청룡 우백호(左靑龍 右白虎)에
사계절 양지발라
산새, 들새 놀아 준다

금잔디 이불 덮고
산 주령(主嶺) 베개 삼아
천하를 내려다보며
천년만년 보고 듣자
영면의 천하명당(天下明堂).

　　　　* 주령 : 잇따라 있는 고개 가운데 가장 높은 고개.

기다림

달빛도 무색할
저녁 노을 붉게 타면
나는 외로워져요

과거는 민들레 꽃씨 되어
미래의 향기 실어나르고
희망은 사랑의 꽃비 뿌려

바람결에 스쳐 기다림
달래 주세요
홀로 타는 촛불처럼
쓸쓸하지 않게
밤이 지고 또 밤이 와도
나는 기다릴래요.

담력

서울에서 막차 타고 내려온
임과 함께 회포 풀고
선유동 골짜기 반나절 산행
가은 장터 들깨국수 한 그릇

짧은 만남에 아쉬움 남기고
낡은 배낭 속 산나물 가득
두어 시간 서울 길 천만 리 인 듯
자식들의 안부 전화 외로움 달래질까
적막과 외로움 천지는 어두워진다

더듬더듬 계곡물에 세수하고
군불 지펴 따뜻한 아랫목에
홀로 누워 낡은 천정 쳐다보니
처량한 마음
집이 없나, 자식이 없나

산신령님 수염 달고
고라니 뛰어 노는 인가 없는 산중

선유동 깊은 골짜기
청정수 계곡물은
쉼 없이 흘러가고
마당엔 만신기 펄럭인다

방 안엔 만신들 활개치고
내가 오기 전까지 굿당
나의 고독과 인내심은
어디까지 이어질까
나의 담력 테스트.

조마조마

임과 함께 마주잡고
들꽃 향기 물씬 나는
오솔길 걸으면서
설레던 지난 추억
깔깔대며 주고받고

고사리 한 움큼에
달콤한 우리들
들꽃 향기 몸에 배어
벌, 나비 날아들까
조마조마
조마조마.

퍼 주는 행복

하루의 행복은 어디에서 찾을까
노약자, 장애인은 무료로 주는 밥에서
행복을 맛보려고 줄을 선다

그보다 더 큰 행복의 맛은
위생마스크에 깨끗한 앞치마 두른
깔끔하고 고운 천사표 자원봉사단

밥 한 주걱 퍼 주고, 두 주걱 행복 찾고
김치조각 얹어 주고 세 배의 기쁨 보고
국 한 그릇 속에 정성 몽땅 담는 천사님들
바쁜 일 뒤로 하고 행복을 품에 담는다

여러 단체에서 천사의 날개를 달고
보은군 노인·장애인 복지관에 오신 천사님들
노고와 고마움, 밥과 함께 비벼서
맛있게 먹는 것을 보고 나도 한 번쯤은
앞치마 두르고 퍼 주는 행복을
맛보리라 다짐한다.

운무(雲霧)와 해무(海霧)

동트는 태백산 세찬 바람 속
죽어 천년 예술 작품
산허리에 꽂혀 있고
운무가 그려 놓은 한 폭의 산수화
천하 절경 하늘 아래 또 있을까만

장마, 태풍 지나간 해운대 바닷가
구름 위에 빌딩 숲 속
구름 아래 자동차 물결
해무가 그려 놓은 또 하나의 신천지
스쳐가는 해무 속에
숨바꼭질 높은 빌딩.

추억

커피 한 잔의 여유에
흩어진 추억 주섬주섬 엮다 보니
남심에 불지피던 그때 그 시절
댕기머리 우리 임 어디선가 나타나서
나 힘겨울 때, 나 괴로울 때
사랑 받는 것에 익숙한 부족한 나를
변함없는 애정으로 내 곁에 머물러 준
은은한 임의 향기
나의 바보바라기
그때가 그리워 추억록을 덮을 수밖에.

선물

영글지 않은 국화 꽃봉오리
수줍게 미소 띤 듯
진주 구슬 뿌려 놓은 듯
반짝반짝 밤 하늘 은하수 같은 작은 별이
몽글몽글 화분 가득 넘치네
티 하나 묻지 않은 순수함이
세상 밖으로 나오려 한다
지금이라도 부르면 활짝 피어 반겨 줄 기세다
보은군 노인·장애인복지관에서 주신 선물
아름답게 키워
관장님 보는 듯, 선생님들 보는 듯
아끼며 사랑하고
매일매일 보듬어 안아드리리다.

흘러가는 구름

파아란 하늘 속
병풍 속에
숨겨진 왕자, 공주
무심코 볼 수 없는
병풍 속 꿈의 궁전

아무렇게나 뿌려 놓은
환상의 아름다움
어디서나 쳐다보며
석양 속 흘러간다
왕자, 공주

환상의 아름다운 구름 타고
나도 한때 무지개 꿈을…
나, 고희 막 넘겼는데
마지막 희망을 걸어 볼까나
흘러가는 구름을 보며.

감기

대문 열고 문 밖을 나서니
소리없이 나타나
내 어깨를 애무하고 지나간다
그 속을 내 어찌 알리오
오란 말인가, 가란 말인가
말없는 너의 마음
헤아리지 못하고
가던 발길 돌려 방으로 들어섰네
에취 에취.

오묘한 세상

백두산 기둥 세워
국토로 담을 쌓고
오색찬란 무지개
어여쁘게 장식하고

뭉게구름 살포시
바닥에 깔아
보름달로 등불 켜고
은하수로 이불하자

벗삼은 자연에
팔 베고 누웠노라면
풀벌레 연주하고
개구리 장단 맞춘다.

대학 뱃지

한오십년 훌쩍 넘었을까
사람은 나서 서울로
나도 따라 서울로
고향의 친구들과
인천 송도 해수욕장 갈 때
길에서 주워 달은
대학 뱃지 달고
경인선 열차에 몸을 실어
소꿉친구들과 옛 얘기
무르익을 때쯤
옆자리 앉은 점잖은 어르신
요즘 ○○대 이사장 존함이
예기치 못한 질문에
멍, 멍, 얼굴엔 붉은 단풍
심장은 따발총 소리 탕탕탕
아무 말 못 하고 친구들 두고
옆 칸으로 줄행랑쳤다네.

청춘

어젯밤만 해도
반달 같은 임을 품고

동지섣달 긴긴밤을
아쉬워 동동하며

지고 뜨는 달과 해
지지 마라, 뜨지 마라

어제가 옛날
어제가 그리워요

임과 함께 가는 세월
내 청춘 저물어만 가네.

반장 영감

내 나이 마흔도 되기 전에
반백이 되었네
출근할 때 할아버지 안녕하세요
퇴근할 때 안녕하세요, 할아버지

동네 꼬마들의 예절 인사
오나가나 할아버지, 할아버지
장모님께서 봄 잠바 하나 사 주신다고
재래시장에서 잠바를 입어 보는데

할아버지, 참 잘 어울리시네요
할머님 것도 예쁜 거 골라 보세요

9살 연상인 친형님과
식당에 가면 밥은 내 앞에 먼저

회사에서 반장 영감으로 통하다
늦게 내 나이 들통나서
장난으로 몰매 맞아 보기도 했다

내 나이 마흔 전에 반백이 넘었었네
고희 고개 넘긴 지금은
구레나룻까지 목화가 만발하여

검은 머리 한두 올 솟아나면
정말 회춘한 듯, 회심의 미소가
이젠 어엿한 반장 영감으로.

마음 주고, 사랑 주고

못 잊어 다시 왔네 연인 같은 서귀포
내 것 아닌 내 것을 주인인 것처럼

만져 보고 즐겼던 옛날이 그리워
못 잊어 다시 온 아름다운 서귀포

가져온 선물이야 벌어 놓은 나이 뿐
귀에 익은 파도소리 요란 떨던 갈매기

변함없는 너의 모습 아름답게 피고 지며
만인의 연인 되니 질투 아닌 시샘 나고

연년(年年)이 사시사철 찾아오는 모든 길손
마음 주고, 사랑 주고.

우리네 인생

햇님이 천지를 밝히면
만물이 기지개 켜고

달님이 어둠을 밝히면
만물이 둥지로 찾아드니

비, 바람에 굴하지 말고
뜬구름에 집착도 말자

강물에 아쉬움 흘러가듯
저무는 인생 저물어 가는 대로.

보청천에 오신 임

금토끼, 옥토끼와 놀던 임
깊어 가는 8월의 밤
아름다운 보은의 어둠
보청천 무심코 내려다본다

맑은 물에 노니는 송사리떼
어울렁 더울렁 뛰어놀고파
맑은 물에 몸 담그니
송사리떼 텃세를 부린다

문장대 골바람
말티재 높바람들
몰아치며 시샘을 하니
잔잔하던 보청천이 일렁인다

밝고 둥근 고운 임
송사리떼 왔다갔다
출렁이는 물결에
그만 일그러지고 말았네.

그대 가슴에

내 마음 향기가 있다면
바람에 실어 그대 가슴에

내 마음 소리가 있다면
구름에 실어 그대 가슴에

내 마음 보여 줄 수 있다면
마음의 거울을 그대 가슴에

내 마음 모두 줄 수만 있다면
남은 여생 전부 그대 가슴에.

종신보험 들었잖아

느림도, 과속도 없는
달려가는 세월 열차
타고 가는 마음 따라

느리기도, 빠르기도
도중 승차역 없고
도중 하차 있는 열차

얼마나 왔던가
언제 갈아탔던가
황혼열차 몸 실었네

신혼열차 단꿈 속에
립스틱 바르던 임의 얼굴
백발, 주름 훈장 가득하네

멀리 가 봐야 북망산
가지고 온 짐보따리
고희역에, 금혼역에

모두모두 내려놓고

멀고도 지루한 여행
홀가분하게 놀다 가세

명호, 상열 남친에
숙이, 자야 여친 있었으니
즐거운 여행 아니었나

일곱 살 기억 어제 같은데
일주일 전 기억 가물가물
기막힌 인생살이

쑤시고 허리, 다리 아파
양·한방 다니면서
진통제 몇 차나 먹었을까

여보, 우리 너무 멀리 왔지
볼 것, 못 볼 것 다 보았잖아
이제 그만 내릴까

함께 탔던 신혼열차
연지곤지 단꿈 속에
자식농사 종신보험 들었잖아.

향기

마음의 향기
봄바람에 실어 그대 손 안에

마음의 소리
몽땅 실어 그대 귓가에

마음을 보일 수 있다면
거울에 비춰 그대 눈앞에

옛 정 못 잊어 생각난다면
쑥 향기 앞세워 그대 품 안에.

여자와 엄마

여자는 멋 부릴 줄 알지만
엄마는 멋 부릴 줄 모르고

여자는 맛있는 것 잘 먹지만
엄마는 머리와 꽁지를 잘 먹고

여자는 보슬비도 맞으면 안 되고
엄마는 소나기도 맞아야 되고

여자는 많은 남자 좋아하지만
엄마는 남자란 오직 아빠만

꽁지 먹고 비 맞으며 키운 자식

지금쯤 멋도, 맛도 모르고
엄마 되어 소나기 맞으며 살겠지.

제주도 여행

제주도 배낭 여행
선잠 설치며 일출봉
뜨는 하루 보고
서귀포 올레시장
흑돼지 맛을 본다

토박이 하루방들
막걸리 한 사발에
탄식 소리 안주하며

육지손님 다 가져가
제주돌 육지에 가서나
배낭 속 예쁜 현무암
부끄럼 아쉬움 내려놓았다

고동 소리 요란 떨고
파도가 출렁출렁
뱃전을 때린다
갈매기야, 잘 있어라.

제3부

아름다운 추억

아름다운 추억

피고 지던 여의도 벚꽃 속에
마주하며 함께했던 세월
잊지 못할 추억만 남겨 두고
보은에 둥지 틀었다
여의도 방향으로 흘러가는 구름
언제쯤 벚꽃 향기 내 가슴에 불어올까
기다린 지 십여 년
은행나무 가지 끝의 까치들
소식 전하기도 전에 요란한 핸드폰 소리
여보세요!
수화기 속에서 벚꽃 내음 가득 실은
숙이, 규야, 진의 향기 집안 가득 번지네
그 옛날 50대의 마음으로
70 다 된 벚꽃님들에게
야~ 야
오빠, 동생하며 핸드폰이
뜨끈뜨끈 하도록 못다 한 수다
호호~ 하하
이 겨울 눈이 다 녹기 전 만나자 약속하고
확 달아오른 핸드폰
난 그만 놓고 말았네.

* 여의도에서 함께한 직장동료들과의 추억을 그리며.

보고파

잠시의 만남이
평생 그리움으로

옷깃 스친 우연
만겁의 인연인 줄

난 정말 몰랐네
떠난 뒤에야

귀띔이나 했으면
잡아나 보지

떠나던 뒷모습
그립고 보고파라.

길

어머니, 아버지 길
공자, 맹자 길 닦고

부처님, 예수님 찾으며
행복 찾아 헤매던 길

인생 다 저녁에 찾았네
비우고, 버리고 베푸는

봉사하는 마음
노인의 멋진 황혼길.

에어컨

고추 타는 용광로
한밤의 열대야
잠 못 이룬 선하품

에어컨 달려 하니
너도나도 주문 쇄도
스무날 후에나

달던 날 말복이네
원 없이 돌렸더니
얼마나 세었던가

가마솥 열대야
바다 건너고
비바람, 태풍 오니

하루 쓴 에어컨
애물단지 되었구나
내년 여름 기약하고

먼지 덮게 씌웠네.

대추 축제

떨어지는 가을비
손바닥에 후드득
하나 둘… 바쁘다

결초보은(結草報恩) 대추 익어
행복이 주렁주렁
풍년가 들린다

보청천 다리 밑에
대추 축제의 장을 펼쳐
인심 듬뿍, 덤이 듬뿍

보은 오신 귀한 손님
못 잊어 다시 찾을
결초보은 대추 축제

내년에 또 내년에
연년(年年)을 약속하자
보은 희망 대추 축제.

청계천

오랜만의 나들이
아름다워라

어찌 이런 모습이
사오십 년 기억엔

나무 기둥 세워
화장실 있었던 이곳

서울의 쓰레기 다 모인 곳
넝마주이 본거지에

길 가던 총각 잡아끌던
아가씨들은 어데 가고

수양버들 춤추고
잉어가 뛰어놀던

서울의 한복판
명소가 되었구나.

그네

고추잠자리
여름 쫓다 지쳐

바지랑대 끝에 앉아
꾸벅꾸벅 졸고 있네

코스모스 한들한들
가을 바람 산들산들

가을볕에 빨갛게 익은
벌거숭이
흔들흔들 그네를 타네.

황혼

구시월 서리 맞은 단풍이
오뉴월 가뭄 속
피는 꽃보다

한 줄기 세월 속에
춘삼월 수줍게
피는 꽃보다

피고 지는 운명
황혼이 아름답다.

삶

청춘 칠십 원앙 한 쌍
백세 인생 장을 열어
임의 손 마주잡고
굽이굽이 돌아보니

지난 세월 꿈이어라
흘러간 한 줄기 세월
그립고 아쉬워라

아름답던 발자국
지치고 힘든 삶
옛날의 추억으로.

달빛

커피 향에
취해 있는 우리 두리
반겨 주는 달님
구름이 가리울 때

반짝이는 작은 별
너랑 나랑의 별
시샘하는 구름 장난을 치네
입맞춤 하라고

커피 향 식을 즈음
우리 임 환한 웃음 속
설익은 옥수수
서른 두 알

달빛 반짝이면
하얀 진주알 되어
내 품 안에 와르르
쏟아질 것 같네.

몸빼바지

가자 하니 따라나선 쑥맥 같은 내 사랑
뾰족 구두, 짧은 치마 뜬구름에 던져 두고

꽃장화, 몸빼바지, 엉덩이에 방석 달고
어정어정 다니면서 냉이 캐고 나물 뜯어

새콤달콤 양념하여 양푼이에 비벼 대면
봄 향기 물씬 나는 고소한 맛 담을 타고

청정수 맑은 공기 초롱초롱 별빛 보며
쩔쩔 끓는 사랑으로 꿈 속 나라 여행 가는

거리고개 새터마을
귀촌 행복 누리잖아

높은 구두, 짧은 치마 좋다 한들
꽃장화에 몸빼바지만 할까.

매화 향기

남풍에 실려 왔네
한 송이 매화 향기
옷깃에 스칠 때

서풍이 데려 갔네
매화 한 송이
그리움 못 잊어

날아간 홍매화
동서를 헤매어도
찾을 길 없네.

아쉬운 밤

이팔청춘(밤)
자기야
으-응

왜?
아니, 몰라
밤은 점-점

사오정(밤)
여보
예

왜요?
아, 아니
그냥 점점 밤이

수희, 고희(밤)
할멈
왜 불러유
으흠

주책이야
아직도 밤이.

이 밤을

오늘 저녁 다 지새고
새벽닭이 울더라도
님아, 님아 지지 마라

세월 잡고 시간 잡아
정월이라 보름달을
밤새 묶어 회포 풀자

답답했던 가슴 속에
찬 이슬도 넣어 가며
황혼 꿈을 꾸어 보자

밤이슬에 풀벌레
날개옷 젖어들도록
임과 함께 이 밤을.

졸음운전

폭염에 열대야 잠을 설치고
텐트와 돗자리 주섬주섬
유혹에 졸린 눈 비벼 가며
괴산의 화양계곡으로

꿈 속 술잔에 취했나
비틀거리는 국도 길
우당탕, 쾅쾅쾅

하늘엔 백미러가
앞뒤 문짝은 덜렁덜렁
중앙선 분리대 나를 살렸다

불행 중 다행 그만하길 다행
조상님이 돌봤다, 남들은 말한다.

* 나는 술이라곤 한 잔도 못 마십니다.

열대야

(잠시 웃고 가요)

(백) 대야 맞으면 못 살겠지만

(열) 대야 참을 수 있잖아요

(삼) 복의 찜통더위

(이) 열치열 하자고

(한) 대야 더운 물에 발 담가요.

친구

너는 고기, 나는 나물
너는 책가방, 나는 알바
너는 사립, 나는 삼류
너는 보결, 나는 장학생
너는 졸업, 나는 중퇴
너는 회장, 나는 사장

너도 세 끼, 나도 세 끼
너도 정년, 나도 정년
너도 백발, 나도 백발
너도 나도 손자 손녀
너도 나도 황혼 인생
너와 나는 친구잖아.

쑥 향기

내 마음에 향기가 있다면
그 향기 봄바람에 실어 그대 가슴에

내 마음에 소리가 있다면
그 소리 몽땅 실어 그대 가슴에

내 마음을 보일 수 있다면
그 모습 거울에 비춰 그대 눈앞에

옛 정 못 잊어 생각난다면
쑥 향기 앞세워 그대 품 안에.

행복이 주렁주렁

칡넝쿨처럼 뒤엉켜 살아온 인생살이
풀고 헤쳐 나가
과거를 지나 현실에 충실하고
미래를 지향하며 감정에 휘둘리지 말고
마음의 욕심은 버리고 긍정심을 유지하며
사랑과 자비를 베풀면
황혼에 행복이 주렁주렁.

우정의 거짓말

어제 저녁 마을 친구들과
식당에서 저녁을 먹던 중
친한 친구가 내일 일꾼들 사서 고추 따야 하는데
일기예보에 비 온다는 소식 듣고 한 걱정 하길래
"친구야, 내 오늘 밤에 선녀님들 모시고
네 고추밭에 두꺼운 비닐 씌워
고추 따는데 비 한 방울 떨어지지 않게
책임지고 덮어 줄게
걱정 말고 술이나 먹자."
손가락 걸고, 손바닥 마주치고, 복사도 하고
술잔 속에 추억담 섞어 가며 밤늦도록 놀다
날이 밝아 하늘을 보니 온통 먹구름
금방 소낙비가 쏟아질 듯
"일기예보야 틀려라, 틀려라."
오전 9시, 12시, 오후 3시, 5시… 땡
친구네 고추밭엔 비 한 방울 내리지 않았다
저녁 먹고 친구에게 전화를 돌렸다
"친구야, 어제 밤 예쁜 선녀님들과
자네 고추밭 비닐로 하늘을 덮느라
잠 한숨 못 잤으니 고기 사야지."
"고기 산다는 약속 잊었는가."
허허허 껄껄껄…….

된서리

어제 저녁 갑자기 들이닥친 불청객
녹색 들판에 단풍물감 뿌리기도 전에
청푸름을 자랑하던 뜰 앞에 선 은행나무 이파리
밤새 불청객에 시달리다 지쳐
날이 새자 우수수 맥없이 떨어져
온 마당엔 단풍잎 아닌 녹색 바다로 출렁이네
평생에 한 번쯤 울긋불긋 화장도 하고 자랑하며
바스락 소리도 한 번쯤 질러보고 싶었을 텐데
그놈의 된서리 땜에.

내년엔 어찌 할까

칠십 평생에 처음으로 1년 텃도지 농사
호미 한 번 들어 보지 않은 내 손으로
100여 평 밭에다 참깨 모종하여
거름 주며 꿈과 정성 쏟아부었는데
유례 없는 폭염과 가뭄에 타 들어가
우리 내외 정성도 타 들어갔다

밤 늦도록 물도 퍼부어 보고
마음으로 기우제도 올렸건만
기술 부족인지, 정성 부족인지
마을 어르신들은 반타작하면
잘 한다고 하신다

참깨를 모두 베어 옥상에 말리니
3일 만에 완전히 말리며
한 톨이라도 튈라
조심스럽게 쓸어 모아 보니
18kg 서말 꿈이 모아졌다

내년에는 다시는, 다시는
안 한다, 매일매일 다짐하며
참깨 베어 낸 옆 골에 심은 들깨가
녹색 바다 이루며 너울너울 춤춘다

무럭무럭 자라는 것을 보니
씨 뿌려 키우는 고생 끝에
익은 열매 쓸어 담는 행복
허리 아프고 다리 아프다
내년엔 할까 말까.

아니 벌써

어제 깎은 마당 잔디
기분마저 상쾌하고
라일락, 장미의 화사한 향기
베란다 창가에서 보낸 상상의 나래
햇살마저 지겨운지 나를 피해 가 버리고
저녁 노을 붉게 타오를 때까지
숨가쁘게 살아온 지난날의 추억
더 멀어지고 흩어지기 전에
모아 담느라 해지는 줄 몰랐네.

대보름

오늘 저녁 다 지새고
새벽 닭이 울더라도
님아, 님아 뜨지 마라
세월 잡고 시간 잡아
정월이라 보름달을
밤새 묶어 회포 풀자.

희망

오늘이란 성벽이
무너져 가네

과거 속으로 점점
기울어지네

미래의 성 쌓으려
서산 쪽으로

어제 가고
오늘이

동해바다 불태우며
솟아오른다

내일의 희망이.

기다릴 거야

내가 만든 과거 속에
눈물 젖은 후회일랑
지우개로 지워 버려

가까운 날 행운 온다면
세월 멀다 해도
기다릴 거야

추억 속의 내 마음
부족했던 사랑들
새록새록 영글어져

보고 싶은 연인들
그 인연 다시 온다면
두고두고 기다릴 거야

내가 만든 만남 속에
이별이 왔다 해도
부평초 내 인생

단 한 번 왔던 행복
그날이 다시 온다면
세월 잡고 기다릴 거야.

나의 애인 춘자 씨

춘자 씨 안녕!

나는 지나가다 춘자 씨를 만나면 두 손을 머리에 얹어 사랑 표시를 하며 반가워한다. 고우시고 아담한 춘자 씨 역시 수줍어 하시며 나지막한 목소리로 "네." 하며 "커피 한 잔 하고 가세요." 조심스럽게 대답을 한다. "혼자 사는 집에 들어가도 돼요?" 하며 발은 이미 뜰에 들어선다. "어때요. 들어오세요. 따끈하게 타 드릴께요." 하시며 함석 조각 더덕더덕 붙여 철사로 얼기설기 걸어 놓은 삽작문에 서서 반겨 주신다. 빨랫줄은 전기 줄로 매어 양말이며, 속옷이며 널려 있고, 안마당엔 가을에 키운 고춧대가 말라 앙상하게 서 있다. 마당 옆으로 빈 마구간에는 잡다한 살림살이가 차지하여 옛 풍취 물신나는데 문짝도 없는 변소간에는 널빤지 두 조각 걸쳐 뽀얀 먼지만 쌓여 세월을 가름케 한다. "뭘 그렇게 쳐다보세요? 추운데 빨리 들어오세요." 재촉을 하신다. 방바닥은 찬기를 막으려고 단열재를 깔아 푹신하다.

"누추하지만 앉으세요." 하시며 과일과 커피를 쟁반에 담아 내려 놓으신다. 두리번거리며 쳐다보니 낡은 장롱 위에 옛날 달력 하나 얹혀 있고, 초파일에 접어 만든 연꽃 하나 벽에 붙어 있어 낡고 별거 없는 집 안에서 깔끔한 성품이 그대로 나타난다.

"지저분하고 초라한 집을 왜 자꾸 쳐다봐요?" 부끄러운 듯 그녀의 모습은 어린 소녀 같다. 내가 20년만 늙었거나 춘자 씨가 20년만 젊었어도 데이트도 해 봄직 했을 텐데 나이와 세월이….

나보다 우리 집사람에게 잘해 주신다. 춘자 여사 연세는 90세로 장모님과 연갑이시다. 나는 우리 장모님 생각이 나서 "애인"이라고 부르며 농담을 한다.

2016년

임

바다가 넓다 한들
우리 임 속만 할까

비단이 곱다 한들
우리 임 마음만 할까

티 없이 맑은 가을이라지만
맑은 우리 임만 할까

사랑은 멀리 있으면 작아지지만
사랑은 가까이 있으면 더 크지요

천하를 다 준다 해도
우리 임과 바꿀손가.

다시 한 번만

더운밥 식기 전
한 술 뜨고 나갈 일이지
무엇이 그리 바빠
쓰다만 자서전 널브러져 있네

복지관 다니며 서예 쓴다고
갈아 놓은 먹물 마른지 오래
옆에 없으니 잔소리
하도 듣도 못 하고

소식 멀어진지
어제 같은데
수삼 년은 부족할 긴긴밤
뜬눈으로 지새우니

팔다리 만져라
물 가져 와라, 커피 타라
하고많은 잔소리
눈에 어리고 귀에 쟁쟁

하고많은 잔소리
다시 한 번만
다시 한 번만.

내 임은 어디에

여름내 임을 찾아
울부짖는 맴맴

내 임은 어디에 있나
한 번만 맴맴

폭염에 지쳐 목이
쉬어도 매앰매앰

해가 져도 임 찾는
마지막 절규 매~앰

찌는 듯한 더위 속에
소음공해 불협화음 맴~.

임 마음

햇살마저 나를 등져 땀 흘리며
바쁘게 살아온 잠시의 뒤안길
청명한 가을 하늘 눈물로 적셔
흐려진 한가위 보름달이
당신의 주름진 모습 비춰 주니
홀로 타는 촛불처럼 쓸쓸한 내 맘
넓은 바다 열 길 속 넓고 깊다 한들
한 길 속 당신 마음 속만 할까.

옥수수

오늘 내일
게으름 피우다
남들 다 먹은 뒤
심은 옥수수
상강 지나 입동 와도
익을 줄 모른다

자고 나니
찬 서리 흠뻑 맞아
초라하게 서 있는
옥수수
뽑을까, 두고 볼까
마음 동동.

제4부
계절

계절

봄, 아침 일찍 널 보러 부지런떨었지만
    넌 수줍게 얼굴만
    내밀었잖아

여름, 따가운 햇볕 내려쬐는 한낮에는
    넌 시원한 옷을 입고
    서 있었잖아

가을, 밝은 해 서산 넘을 무렵에는
    넌 오색찬란한 옷을 입고
    멋도 부렸잖아

겨울, 찬 바람 불어오니 오들오들 떨며
    넌 그만 바닥에 털썩하고
    주저앉고 말았잖아

그리고, 너 떠난 자리 쓸쓸하고
    보잘것없어 고독만 짙어지고
    돌아서고 말았잖아.

자연

자고 나면 변하는 자연
십년, 백년 흘러가도 자연인 걸

아름다운 꽃송이도
시들면 발 아래 뒹굴고

샛노란 은행잎
단풍 들어
책갈피로
소중히 간직하는 것

삶에 나이를 쌓으니
늙고 병들어도
자손들에게 짐이
아닌 힘이 되리.

무정한 세월

새봄이야 열 번 와도 기다려지지마는
봄을 따라 앞장서서 따라오는 불청객아
쉬다 오면 아니 될까 야속한 세월아

계절이야 열두 번씩 왔다 가도 좋지마는
계절 따라 뒤따르는 주책없는 불청객아
졸다 오면 아니 될까 무정한 세월아.

세월아

비켜 가지 못하는
야속한 인생아
내 젊음을 송두리째
앗아간 세월아
내 청춘 어디 두고
너만 흘러가느냐
원하는 삶이라면
오래오래 살고 싶다
두고 온 내 청춘 되돌려
줄 수 없겠니?
세월아,
응?

봄비

봄비가 졸졸졸 도랑을 만드니
개구리 개골개골 썰매를 타고

봄비가 또로록 창문을 닦으니
두더지 논둑 파서 논물을 대고

봄비가 살포시 모판에 모여드니
이앙기 부지런히 줄모를 심어 주고

봄비가 신이 나서 논 가득 채워 주니
올챙이, 미꾸라지 넓은 논 매어 주네.

세월

창 밖의 꽃들과
수다를 떠는 사이
말없이 지나간다
세월이 내 앞을…

들판의 새들과
노래를 하는 사이
구름과 함께 간다
세월이 내 곁을…

꽃들은 청춘
새들은 노년
구름은 황혼
세월은 꿈마차.

지게

헛간 먼지 쌓인 지게
낡은 어깨끈
지게뿔 다 부러지고
다리 썩어 주저앉아
세월에 무상함

아버지 지게
삶의 짐 짊어지고
만고풍상
아들 유학 호화생활
등골 빠진 자식사랑

낡은 지게 용이 나고
박사모에 예쁜 색시
처자식에 처가 집
한 촌수 늘어나니
효도할까? 불효할까?

추억

팽이는 채찍으로
물레방아는 물로
너와 나는
세월을

강물은 흘러
금모래 쌓고
세월은 흘러
나이만

슬픈 기억 속엔
아픈 사연 아련하고
아름다운 추억 속엔
사랑만.

5월의 밤

초록 바다 너울너울
이름 모를 들꽃 향기
코끝에 묻어 둔 추억

영롱한 달빛 아래
호반 길 걸으며
별 헤는 밤

가로등 불빛 아래
불나비 춤추고
봄바람 살랑살랑
꽃비가 내리면

화사함 자랑하던
봄의 향연 밀려나고
장미 앞세우는
계절의 여왕.

봄봄봄

뜰 앞에 하얀 목련
봄 향기 가득 싣고
창가를 두드리니
향기에 취한 이내 마음
스르르 문을 열고
가슴 가득 안아 보네
목련꽃 화사함이
봄바람에 향기 실어
사방천지 흩날리니
익어 가는 봄봄봄.

봄 가고

꽃봉오리 톡톡
꽃 향기 바람 타고
밝은 햇님 찾아와
젖은 얼굴 닦아 주고

문 앞에
활짝 핀 꽃송이
립스틱 바르니
벌, 나비 입맞춤하네

봄비가 심술부려
꽃비가 내리니
립스틱 지워져
벌, 나비 가고 여름 오네.

봄

베란다 창가에
따끈한 커피 향
번지는 아침

앞뜰의 작은 꽃밭
흙덩이 들어올리는
가녀린 노란 복수초

아직 철이 일러서일까
햇볕이 부끄러워서일까
무게에 못 이겨서일까

다시 주저앉아 버렸네.

비

비가 내린다
단풍잎 물들이기 연년(年年) 행사
짓궂은 저 비 훼방을 놓아

동산에 뿌려 놓은 오색 물감
빗물에 씻겨 지워지겠구나

비가 내린다
뿌린 물감 마르기도 전에
짓궂은 저 비바람 몰고 와

남루한 잎새 갈기갈기
바람에 날려 버리겠구나.

새봄

따뜻한
차 한 잔의 여유
그리워지는 계절

이 한 몸 낙엽 되어
긴긴 겨울 덮어
곤히 잠든 새싹

겹겹이 덮어
포근히 자라 하네
희망찬 새봄 오라고.

가뭄

태양 속 용광로
대지를 달굴 때
푸른 물 가득 실은 먹구름 배
머리 위 떠다닌다

돋움발 바짝 치켜
두 팔로 밑창 쿡 찌르면
물벼락이라도 맞으련만
짧은 팔이 야속하다

고춧대, 옥수숫대 타 들어가니
내 마음도 훅훅 타는구나
용광로에 가득 찬 삼복
익어 버린 고추잠자리
머리 위만 맴돈다.

긴 가뭄

삼복더위 피하려고
해지길 기다렸더니
얄미운 열대야
밤잠마저 설치게
하는구나

밤새 모여 뭉쳐진
한 줄기 먹구름도
아스팔트 녹이는
광란의 폭염에 놀라
민들레 홀씨 되어 바다 건너
물폭탄 퍼부었네.

처서

꽃나비 웃음 찾고
벌, 나비 단꿀 찾는

아침을
맞이하는 이 행복

고추잠자리 날갯짓에
삼복 바람 날아가고

임을 찾던 마지막 절규
맴 맴

풍년 소식 알린다고
코스모스 하늘하늘

처서 앞세운 가을
문턱까지 성큼.

낙엽

알알이 사연 담다 보니
푸르던 얼굴 울긋불긋
많은 사연 견디지 못하고
낙화되고 말았네

낙엽 위에 낙엽 쌓여
오가는 길손
발길 아래 부셔지니
아쉬움만 가득하네.

오가는 가을

아침을 여밀고
찾아든 찬 바람
가을을 재촉한다

피다 만 구절초
무서리 몸을 씻고
가을을 맞이한다

뜰 앞의 단풍잎
찬 서리에 단장하고
가을을 보내려 한다.

가을이 오면

가을이 오면
단풍 그림 그리는 소리 바스락

가을이 익으면
풍년 오는 소리 바스락

가을이 저물면
낙엽이 뒹구는 소리 바스락

가을이 질 때면
한 해 넘는 소리 바스락

가을이 갈 때면
희망찬 새날 오는 소리 바스락.

가을별 꽃바람

처서가 창가를 두드려
뜰 앞을 바라보니
코스모스 융단 속
몽알몽알 피어오른
풋사랑의 국화꽃
된서리 내리기 전
저 가을별 꽃바람.

풍년

가을을 기다리던
갈대와 해바라기
속 타다 못해 목만 길어지고
여름내 신나던 매미들
지칠 무렵
처서가 모기 입 비뚤어지게 하니
황금 들녘 주름잡는 메뚜기 한철
허수아비 신이 나서
막춤을 추면
참새와 귀뚜라미 다투어 신곡 발표
풍년일세, 풍년일세
주렁주렁 풍년일세.

가을이

조금 전
내 곁에서 떠난 가을
말없이 돌아왔네

내 앞에

함께했던
숱한 추억 못 잊어
성큼성큼

노란 단풍잎 하나 물고
내 앞에 돌아왔네

가을이.

가을 · 1

아침 햇살
천지 밝혀 줄 때
까치들
반가운 소식
진종일(盡終日) 알리다

석양이 내려오면
둥지로 찾아들고
어둠이 짙어질 때
고추잠자리 타고
가을이 찾아오니

코스모스 한들한들
국화송이 몽알몽알
가을 찾는 모든 이
국화 향기 반겨 준다.

가을 · 2

처서가 창가를 두드려
창문 열고 뜰 앞을 보니
코스모스 하늘하늘
국화 향기 그윽한데
소슬바람 타고
손님이 들어서네
작년에 함께했던
숱한 추억 못 잊어
노란 단풍잎 물고
가을이 찾아왔네.

가을 · 3

꽃나비 행복 찾고
벌, 나비 웃음 찾아
아껴 주는 사람들과
기분 좋은 아침
함께할 수 있는 행복
고추잠자리 날개 위에
더운 바람 날아가고
처서 앞세운 가을
성큼
코스모스 하늘하늘
풍년가 울리고
임을 찾아 헤매던 매미
한 해를 보내는 마지막 절규.

오는 가을

동트는
아침 오면
까치들의
반가운 소식

지저귀다
석양 질 때
둥지로 찾아들고

해질녘 둥근달
불 밝힐 즈음
손님이 찾아드네

코스모스 한들한들
국화 향기 몽알몽알
오는 가을 반겨 주네.

만추(晩秋)

새벽안개 걷히고
물안개 피어나면
한 폭의 수묵화
만추를 만끽

갈대숲 철새
경이로운 군무
하늘의 동영상
만추의 걸작.

밤

차가운 공기
초롱별들

가득한 초저녁
기분 좋은 밤 하늘

내 사랑 어화둥둥
깊은 밤

새벽녘 단꿈 속
행운이 맴도는 밤.

겨울의 길목

한 줄기 세월 속에
봄, 여름, 가을 가고
겨울이 오네

그제 밤 오던 비에
늦장미 피다 말고
어젯밤 내린 서리
푸르름 내려앉아

서리 맞은 단풍잎
대롱대롱 목을 맨다

4월에 피는 꽃보다
더 아름다워라
겨울이 오는 길목.

거울

나는 아직 아름다움 가득한데
벽에 걸린 거울

늙은이로 만드는
심술을 부리네

거울 속 예쁜 내 얼굴
주름골만 보여 주네

내 마음 보이지 않고
세월만 보여 주네

나는 그만 삐쳐서
거울을….

떠나는 겨울

얼음도 녹지 않은 개울가
버들강아지 움트니
추위 속에 눈보라
안간힘 써 본들 어쩌랴

봄을 시샘하는 산골바람
늘어진 가지 후려쳐 본들
흔들흔들 웃으며
반겨 주니 어쩌랴

떠나갔네
겨울이
계절에 밀려
쓸쓸히 떠나 버렸네

봄이 오네
다시 온 세상이
시끌시끌
봄이 깊어만 가네.

동백꽃

백설 천지 헤쳐 가며
피어난 한 송이 동백꽃
향기 가득 함박웃음에
빨간 립스틱
벌, 나비 하나 없는 차디찬 겨울
떠돌이 동박새 가슴에 파고들어
흔들고 짓밟으며
단 꿀을 빨아먹어도
웃으며 반겨 주다
암술만 남기고 봉우리 채
떨어지며 소리친다
아름답고 튼튼하게만 자라 다오.

저자와의
협약으로
인지생략

석보(碩寶) 김태혁 시집

황혼의 여정(旅程)

지 은 이 김 태 혁
펴 낸 이 이 재 갑
펴 낸 곳 도서출판 문예사조
등   록 2-1071 (1990. 10. 15)

04558 서울시 중구 퇴계로 41길 8(충무로4가)
Tel. 02-720-5328, 2272-9095
Fax. 02-2272-9230

http://www.munyesajo.co.kr
e-mail : mysj5328@hanmail.net

발 행 일 2018년 11월 30일

잘못된 책은 바꿔 드립니다.
값 10,000 원
ISBN 978-89-5724-235-3